Table of Contents

Tabla de contenidos

Red has petals.
Red has thorns.

El rojo tiene pétalos.
El rojo tiene espinas.

4

Fire trucks move fast to get to fires quickly. Many fire trucks are red so that people can see them racing down the street.

Los carros de bomberos van muy rápido para llegar a los incendios lo antes posible. Muchos carros de bomberos son rojos. Así la gente puede verlos fácilmente cuando pasan a toda velocidad por la calle.

Red has flashing lights and horns.

El rojo tiene luces
brillantes y una
sirena muy ruidosa.

Red is shiny.
Red is slick.

El rojo es brillante.
El rojo es llamativo.

Cherries are sweet and juicy. Most cherries have a pit inside. Some people put cherries on top of ice cream sundaes.

Las cerezas son dulces y jugosas. La mayoría de las cerezas tiene un hueso adentro. Algunas personas adornan el helado con cerezas.

Red is small and
fun to pick.

Red strawberries always have green goosebumps. Strawberries are the only fruit with seeds on the outside.

Las fresas rojas siempre tienen granitos verdes. La fresa es la única fruta que tiene las semillas por fuera.

El rojo es pequeño y divertido de recoger.

Red is stretchy.
Red is sweet.

The sweet flavor of licorice comes from the root of the licorice plant. This candy can be made into twists, ropes, and sticks.

El sabor dulce del regaliz viene de la raíz de la planta de regaliz. Con este dulce pueden hacerse trenzas, cuerdas o barritas.

El rojo se estira.
El rojo es dulce.

Red is round and
good to eat.

El rojo es
redondo y rico.

You can pick and eat a ripe, red apple right from an apple tree. Apples can be baked in pies or cooked to make applesauce.

Puedes cortar y comer una manzana roja y madura directamente del manzano. Las manzanas pueden cocinarse para hacer pasteles o compota.

Red splashes
in the rain.

16

El rojo salpica en la lluvia.

Red rubber boots keep your feet dry in the rain. Rubber is used to make boots and raincoats.

Las botas rojas de hule mantienen tus pies secos en la lluvia. El hule se usa para hacer botas e impermeables.

Red twists around a cane.

El rojo gira alrededor de un bastón.

Candy makers made the first candy canes by hand. They had to twist and bend each cane.

Los primeros bastones de dulce se hacían a mano. Los trabajadores tenían que torcer y doblar los bastones uno por uno.

20

Red makes cars slow down and stop.

El rojo hace que los autos disminuyan la velocidad y se detengan.

Stop signs are always red with white letters. Red makes people think of danger.

Las señales de alto siempre son rojas con letras blancas. El rojo hace que la gente piense en el peligro.

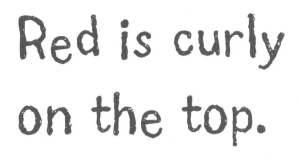

Red is curly on the top.

El rojo es rizado.

Red hair can be curly, wavy, or straight. Other names for red are ruby and rose.

El cabello pelirrojo puede ser rizado, ondulado o lacio. Otros nombres para el color rojo son rubí y carmín.

23

Cardinals have a crest of red feathers on top of their head. The crest looks like a hat.

Los cardenales tienen una cresta de plumas rojas en la cabeza. La cresta parece un sombrero.

Red flies high and red sings.

El rojo vuela alto y canta.

Red can be
many things!

¡El rojo puede ser
muchas cosas!

Mixing Red/Mezclas de rojo

Artists use a color wheel to know how to mix colors. Red, blue, and yellow are primary colors. They mix together to make secondary colors. Purple, orange, and green are the secondary colors they make. You can use red to make orange and purple.

color wheel/
círculo de colores

Los artistas usan un círculo de colores para saber cómo mezclarlos. Los colores primarios son azul, rojo y amarillo. Se mezclan entre sí para crear los colores secundarios. El morado, naranja y verde son los colores secundarios que se forman. Puedes usar el rojo para hacer naranja y morado.

You will need

red, yellow, and blue frosting

2 small plates

2 spoons

cupcakes

Necesitarás

glaseado rojo, amarillo y azul

2 platos pequeños

2 cucharas

mantecadas

1 Put a small amount of red frosting onto each plate. Add the same amount of yellow frosting to one plate. Mix the two colors together with the tip of a spoon. What color do you see?

1 Pon una pequeña cantidad de glaseado rojo en cada plato. Coloca la misma cantidad de glaseado amarillo en uno de los platos. Mezcla los dos colores con la punta de una cuchara. ¿Qué color ves?

2 Next, add the same amount of blue frosting to the second plate and mix the two colors together. What color do you see?

2 Después, coloca la misma cantidad de glaseado azul en el segundo plato y mezcla ambos colores. ¿Qué color ves?

3 Use the spoons to spread the orange and purple frosting on top of the cupcakes. Eat the cupcakes for a snack.

3 Usa las cucharas para untar los glaseados naranja y morado encima de las mantecadas. Cómete las mantecadas como bocadillo.

Glossary

feather—one of the light, fluffy parts that cover a bird's body; some birds have red feathers.

fruit—the fleshy, juicy part of a plant that people eat; apples, cherries, and strawberries are red fruits.

petal—one of the colored outer parts of a flower; red roses have soft and thin petals.

pit—the hard seed in the middle of some fruits, such as cherries

root—the part of a plant or tree that grows underground; roots bring water and food from the soil to the stem of a plant or to the trunk of a tree.

rubber—a material made from the sap of the rubber tree; sap flows through the trunk of the tree.

seed—the part of a flowering plant that can grow into a new plant; apple trees can grow from apple seeds.

Internet Sites

FactHound offers a safe, fun way to find Internet sites related to this book. All of the sites on FactHound have been researched by our staff.

Here's how:

1. Visit *www.facthound.com*
2. Choose your grade level.
3. Type in this book ID 1429600101 for age-appropriate sites. You may also browse subjects by clicking on letters, or by clicking on pictures and words.
4. Click on the Fetch It button.

FactHound will fetch the best sites for you!

Glosario

la fruta—parte comestible, carnosa y jugosa de una planta; las manzanas, cerezas y fresas son frutas rojas.

el hueso—semilla dura que se encuentra en el centro de algunas frutas como las cerezas

el hule—material hecho de la savia del árbol del hule; la savia fluye en el tronco del árbol.

los pétalos—partes externas de la flor que tienen color; las rosas rojas tienen pétalos delgados y suaves.

la pluma—parte ligera y esponjosa que cubre el cuerpo de los pájaros; algunos pájaros tienen plumas rojas.

la raíz—parte de la planta o el árbol que crece bajo tierra; las raíces llevan el agua y el alimento del suelo al tallo de la planta o al tronco del árbol.

la semilla—parte de las plantas con flores de la que puede crecer otra planta; los manzanos crecen a partir de semillas de manzana.

Sitios de Internet

FactHound te brinda una manera divertida y segura de encontrar sitios de Internet relacionados con este libro. Hemos investigado todos los sitios de FactHound. Es posible que algunos sitios no estén en español.

Se hace así:
1. Visita *www.facthound.com*
2. Elige tu grado escolar.
3. Introduce este código especial 1429600101 para ver sitios apropiados a tu edad, o usa una palabra relacionada con este libro para hacer una búsqueda general.
4. Haz un clic en el botón Fetch It.

¡FactHound buscará los mejores sitios para ti!

Index

Índice